Nordische Lifestyle-Trends: Niksen und Friluftsliv

Mehr als Hygge - Lebensstile für mehr Wohlbefinden

Sofie Bakken

AF237403

NORDISCHE LIFESTYLE-TRENDS: NIKSEN UND FRILUFTSLIV

Mehr als Hygge - Lebensstile für mehr Wohlbefinden

Sofie Bakken

Bibliografische Information der Deutschen Nationalbibliothek: Die Deutsche Nationalbibliothek verzeichnet diese
Publikation in der Deutschen Nationalbibliografie; Bewährte
bibliografische Daten sind im Internet über http://dnb.dnb.de
abrufbar.

Herstellung und Verlag: BoD - Books on Demand, Nor-
derstedt

ISBN: 978-3751957793

Inhaltsverzeichnis

Vorwort

Mit einer gewissen Selbstverständlichkeit hat das Internet in den letzten Jahren die Führung und Autorität über Lifestyle-Themen übernommen. Die Webseiten sind überfüllt mit Blogs zu Themen rund ums Wohnen, Fashion, Essen, Gesundheit, Lebensweisen – eben Lifestyle.

Bei all den jüngsten Krisen, Turbulenzen und Unsicherheiten, deren Auswirkungen lange anhalten werden, kann es schön sein, sich eine Minute Zeit zu nehmen, um sich auf einige der angenehmeren Trends der letzten zehn Jahre zu konzentrieren, von denen sich viele glücklicherweise damit beschäftigen, mit neuen Wegen Stress abzubauen und darauf hinzuarbeiten, einen oder zwei Momente der Gelassenheit in unserer zunehmend besorgniserregenden Welt und im hektischen persönlichen und beruflichen Leben zu finden.

In der zweiten Hälfte der 2010er Jahre strömten zwei wichtige Wellness-Trends nordeuropäischen Ursprungs - das dänische Hygge und das schwedische Lagom - in die Populärkulturen der mindestens deutsch- und englischsprachigen Länder und versprachen uns neue Wege, um zu lernen, das Leben langsamer zu gestalten. Sie wiesen uns darauf hin, die kleinen Dinge zu genießen, anzuhalten und die sprichwörtlichen Blumen zu riechen. Sie sind ein Gegenmittel, versichern uns ihre Befürworter, gegen die vielen Übel unseres noch jungen Jahrtausends. Wie das lateinische Sprichwort sagt: *omne trium perfectum* (jeder Satz von drei ist vollständig); und jetzt scheint ein neuer Trend namens "Niksen", der kürzlich aus den Niederlanden importiert wurde, bereit zu sein – in Komplementierung von Hygge und Lagom eine Art nordeuropäische Trilogie des Wellness-Lebensstils des frühen Jahrhunderts zu bilden.

In Ergänzung und zur Vervollständigung dazu bietet sich ebenfalls das norwegische Friluftsliv an.

Gerade als Sie dachten, Sie hätten es geschafft, Ihre Zunge und Ihren Kopf mit den Worten Hygge und Ikeas NORRÅKER und YNGVAR zu verbinden, die alle Teil des Sortiments an Möbeln des genannten Produzenten sind, das wir gleichermaßen lieben und hassen gelernt haben, haben wir es jetzt ein weiteres skandinavisches Wort, mit dem man zu kämpfen hat, nämlich eben Friluftsliv. Hier kommen die Elemente der Einfachheit und

der Natur dazu. Lassen Sie sich mit meinem Buch –
gemütlich und entspannt – in die Details entführen.

NIKSEN

Was genau ist Niksen?

Im ursprünglichen Niederländisch ist Niksen ein Verb, das vom Pronomen „niks" abgeleitet ist, was einfach "nichts" bedeutet. Etymologisch ist es im Wesentlichen dasselbe wie unser eigenes Wort "nichts". Niksen heißt also im Grunde: „nichts"-en, nichts tun. Nichts tun! Nichts tun? Gar nichts! Einige sagen vielleicht: Wie kann man aus dem Nichts einen Wellness-Trend - oder überhaupt einen Trend - machen? Die Antwort ist natürlich, dass es nicht so einfach ist … und gleichzeitig ist es so.

In ihrem 2018 erschienenen Buch „Deviced! Das Gleichgewicht zwischen Leben und Technologie in einer digitalen Welt", erklärt die Psychologin Doreen Dodgen-Magee Niksen, als würde der Motor in Ihrem

Auto laufen, während es im Leerlauf bleibt. Andere haben es einfach "nichts mit einem Zweck tun" genannt. Dieser Zweck besteht natürlich darin, Ihre sprichwörtlichen Batterien wieder aufzuladen und sich einen Moment von Ihrer Verantwortung zu lösen, um sowohl Ihren Körper zu beruhigen als auch Ihren Geist zu klären.

Für manche leichter gesagt als getan.

Viele, die es zum ersten Mal ausprobieren, haben Probleme, sich den scheinbaren Luxus des Nichtstuns zu gönnen. Lekker Niksen! – süßes Nichtstun! Die Holländer mögen es so nennen, aber vor allem in den Ländern Mitteleuropas und in Ländern wie Japan, Großbritannien und den Vereinigten Staaten kann es manchmal nach Faulheit riechen – etwas, für das unsere arbeitsorientierten Kulturen traditionell wenig Geduld oder Verständnis haben. Das Arbeitsethos dieser Kulturen und die zum Teil calvinistisch geprägten Lebensweisen lassen dies nicht zu. Auch wenn Sie nicht extern arbeiten, sondern zuhause als Familienfrau oder Familienmann, werden Sie diesen Leistungsdruck kennen. Das Ergebnis: Die durchschnittliche Mitteleuropäerin und der durchschnittliche Mitteleuropäer, die sich zum ersten Mal an Niksen versuchen, können ein Gefühl der Schuld und Verlegenheit verspüren, was natürlich das Gegenteil der beabsichtigten Wirkung zur Folge hat. Sich selbst zu trainieren, um diese Niksen-Momente zu nutzen, kann aus diesem Grund ein bisschen wie das Erlernen einer neuen Aufgabe sein - mit anderen Worten, es erfordert Übung!

Man könnte sagen, dass das Wort selbst, die Tatsache, dass wir uns auf einen Neologismus verlassen, anstatt ihn einfach „nichts tun" zu nennen, unser verborgenes Verlangen und unser sehr reales Bedürfnis maskiert, uns diese kleinen Momente der Untätigkeit zu erlauben.

Wie Brittany Wong es in ihrem Artikel für HuffPost aus dem Jahr 2019 formulierte: „Amerikaner haben ein unangenehmes Verhältnis dazu, es locker anzugehen" und „genau deshalb brauchen wir ein wenig Niksen in unserem Leben. […] Es ist nicht faul, wenn man es Niksen nennt."

Ich sehe jedoch die Neubezeichnung eines kulturell negativ belasteten Begriffes durchaus positiv. Mit anderen Worten, die Suche nach einem trendigen neuen Begriff für etwas, das vielleicht als gesunder Menschenverstand erscheinen sollte, kann uns von negativen Stereotypen befreien, von schädlichen Tabus, die tief in unser kollektives Unterbewusstsein eingebettet sind.

Sobald Sie sich erlaubt haben, das mit Inaktivität verbundene Stigma loszulassen und den Wert des Nichtstuns zu akzeptieren, ist die nächste Schwierigkeit, die häufig auftritt, wenn Sie versuchen, nach diesem Lekker Niksen zu streben, die unbequeme Tatsache, dass der Geist nicht will. Geben Sie ihm etwas Bestimmtes zum Bearbeiten, neigen Sie dazu, dahin zu wandern, wo Sie es nicht unbedingt möchten: Sie denken über Ihre Sorgen nach und Sie erinnern sich an alle Aufgaben, die Sie beruflich und privat nicht erledigt haben. Infolgedessen wird Ihr Tagtraum sauer und verursacht mehr Probleme als er löst.

Eine 2013 veröffentlichte Studie mit dem Titel „Vor- und Nachteile eines wandernden Geistes" warnte, dass einige Forschungsteilnehmer, die sich auf zielgerichtetes Tagträumen einlassen wollten, „in Wiederkäuer verwickelt" wurden, die sie letztendlich körperlich beeinflussten. Dies hielt bis zu 24 Stunden nach dem Experiment an und sie hatten Probleme, nachts einzuschlafen - kaum das, was Sie sich von einem Wellness-Lebensstil wünschen würden! Auf der anderen Seite deutet dieselbe Studie darauf hin, dass es langfristig gehen wird, wenn Sie es richtig machen - die Forscher schlagen vor, sich auf angenehme Tagträume über Familie und Freunde zu konzentrieren. Dies bringt Ihnen klare Vorteile für Ihr emotionales Wohlbefinden, und Sie werden Ihre Lebensfreude erhöhen.

Wenn Sie Probleme beim Einstieg haben, versuchen Sie, Ihren Geist zu befreien, indem Sie zuerst Ihren Körper durch kleine Dinge ablenken, mit denen Sie ohne allzu viel Aufwand oder Zweck sich einfach beschäftigen können. Die Niksen-Königin selbst schlägt Baoding-Bälle, kinetischen Sand oder Gravitramme vor. Jedoch könnte zum Beispiel auch die kürzlich allgegenwärtige Modeerscheinung, die zappeligen Fidget-Spinner (und die immer noch ein Hype sind , wenn Sie dieses Buch lesen?), eine andere Alternative sein.

Wenn Sie bereit sind, einfach still zu sitzen und nichts körperlich zu tun, aber Probleme haben, sich geistig abzulenken, finden Sie möglicherweise ein nützliches (wenn auch etwas simples und vielleicht etwas albernes) Bild eines Sonnenuntergangs über einer ruhigen See im Internet[1]. Sie dürfen einfach für zwei Minuten vor dem Bildschirm sitzen und nichts tun. Wenn Sie Ihre Maus bewegen oder die Tastatur benutzen, wird der Timer zurückgesetzt und Sie werden aufgefordert, es erneut zu versuchen. "Einfach entspannen" lockt eine subtile Beschriftung, die über das goldene Licht gesetzt ist, das durch die wenigen dünnen Wolken glitzert, die sanft die sinkende Sonne umarmen. Sie sollten „auf die Wellen hören." Das Bild selbst liefert kein Audio. Aber die Vorstellung, wie die Wellen am warmen Sommerabend beruhigend über das Wasser schwappen und von den sanften Schreien einiger kreisender Möwen begleitet werden, ist angeblich Teil der Übung.

Sobald Sie mehr mit dem Loslassen Ihrer Gedanken vertraut sind, können Sie beginnen, in Ihrem täglichen Leben Zeit dafür zu finden. Es mag hilfreich sein, es absichtlich in Ihren Zeitplan aufzunehmen, aber das ist nicht unbedingt erforderlich: Wenn Sie Ihren Verstand dazu geschult haben, werden Sie feststellen, dass Ihre

---

[1] http://www.donothingfor2minutes.com/

täglichen Routinen tatsächlich einige Risse aufweisen, in die Sie wahrscheinlich ein wenig lekker Niksen einbauen können. Wenn Sie aufwachen, um Ihren Tag zu beginnen, während Sie an Ihrem bevorzugten Morgengetränk nippen, nehmen Sie sich einen Moment Zeit, um Ihren Geist zu klären und nichts zu tun. Genießen Sie einfach die Wärme Ihrer Tasse, Ihre Hände, den zarten Tanz des Dampfes, der aus der Tasse austritt, und denken an nichts Besonderes. Wenn Sie mit öffentlichen Verkehrsmitteln oder Fahrgemeinschaften zur und von der Arbeit pendeln, schauen Sie im Zug, Bus oder Auto aus dem Fenster (wenn Sie nicht im Dienst sind!). Lassen Sie sich einfach wie ein Bildschirmschoner an den Sehenswürdigkeiten vorbeifahren. Die Sonne glitzert über Ihr Gesicht oder der Regen wäscht über das Fenster. Wenn Sie Ihre Kinder von der Schule abholen, versuchen Sie, etwas früher dorthin zu kommen und sitzen Sie einfach in oder lehnen gegen Ihr Auto und träumen Sie ein bisschen. Natürlich ist es auch etwas, das Sie in Betracht ziehen sollten, wenn Sie mittendrin sind: auf dem Höhepunkt Ihres Stresses, wenn Sie zum Beispiel bei der Arbeit gegen eine Wand stoßen und einfach nicht mehr klar denken können. Wenn Sie weitermachen, kommen Sie nicht weiter, und die Besessenheit über Ihre mangelnde Produktivität kann Ihre Zeit noch weiter verschlingen. Stattdessen sollten Sie hier Niksen nutzen.

Andere Beispiele könnten Ihnen in den Sinn kommen, wenn Sie sich angewöhnen, sie zu finden. Natürlich unterscheidet sich der beste Weg, dies zu tun, von Person zu Person. Das ist ein Teil der Schönheit: Es gibt keine spezielle Technik, die Sie lernen müssen, um Niksen zu üben. Sie müssen sich nur die Zeit dafür nehmen und lernen, es auf Ihre eigene Weise geschehen zu lassen. Das Ziel ist es, diese kleinen Momente, die Ihnen und nur Ihnen gehören, regelmäßig zu kultivieren, die nicht wirklich einem bestimmten Zweck dienen müssen, außer einfach alles für eine Weile loszulassen und sich einfach sein zu lassen.

Niksen und Hygge

Da Niksen anscheinend als dritter in einer Art Drei-faltigkeit von Lifestyle-Trends zu uns kommt, könnte es hilfreich sein, um Hygge besser zu verstehen, ein we-nig mehr über Hygge zu erfahren: die Wellness-Praxis, mit der alles begann.

Das von Dänemark importierte Hygge-Konzept fei-erte um 2016 sein Debüt in der kollektiven Phantasie der der westlichen Länder mit einer Reihe von Anlei-tungen, die den traditionell skandinavischen Lebensstil fördern. Dänen sind sich der Entkopplung zwischen Wohlstand und Wohlbefinden bewusst. Nachdem un-sere Grundbedürfnisse erfüllt sind, führt mehr Geld nicht zu mehr Glück. Stattdessen können sich die Dä-nen gut darauf konzentrieren, was ihnen eine bessere Lebensqualität bringt. Schwer zu widersprechen: Wer möchte denn ehrlich gesagt nicht eine bessere Lebensqualität haben? Großartig. Also, wie „hyggt" man denn?

Zunächst einmal - was ist Hygge? Wenn Sie jemanden Englischsprachigen nach einer Definition fragen, wird Ihnen immer mitgeteilt, dass es keine genaue Übersetzung ins Englische gibt. Während wir somit Schwierigkeiten haben, den Begriff in Englisch zu definieren, scheinen einige andere Sprachen Entsprechungen zu haben: gezelligheid auf Niederländisch, mysig auf Schwedisch, mattari auf Japanisch und – Sie werden es erraten haben – Gemütlichkeit in unserem Deutsch. Norwegisch scheint sogar zwei zu haben, wobei neben dem national exklusiveren Koselig das gleiche Hygge in der Sprache existiert. Da die meisten dieser Wörter in unseren germanischen Sprachen vorkommen, könnte man sich fragen: Warum scheint Englisch das Spezielle zu sein, in dem es keine eigene passende Übersetzung gibt? Es scheint, dass die Arbeitsmoral dies traditionell nicht zulässt, etwas so uriges - und für einige Kritiker skurriles - wie Hygge. Ich komme wieder auf mein schon Gesagtes bezüglich Niksen zurück. Und genau diese „steife Oberlippe" des Lebens möchte der neue kulturelle Import ändern.

Die Beschreibung, die wir im Allgemeinen von Hygge erhalten, wird normalerweise mit Worten wie „Gemütlichkeit", „Komfort", „Entspannung" usw. ausgedrückt. Signe Johansen, Autorin von „How to Hygge: The Secrets of Nordic Living", setzt es an einer Stelle mit „gesundem Hedonismus" gleich. Der Inbegriff dieses Konzepts könnte wohl in dem Rezept für skandinavischen Glühwein zu finden sein, das in ihrem Buch enthalten ist.

Der beste Weg, den Begriff zu verstehen, könnte darin bestehen, das Gefühl zu beschreiben, das man bekommt, wenn man es erlebt, und wie man dieses Gefühl erhält. Glühwein ist eine Möglichkeit, aber es gibt viele andere, die im deutschsprachigen Raum vielleicht besser bekannt sind und von denen ich Ihnen nachstehend einige aufzählen möchte.

1. Kerzen anzünden

Kerzenlicht ist der Inbegriff von Hygge. Es ist warm, ursprünglich und bringt Sie in eine gemütliche kleine Lichtblase, anstatt den Raum mit Licht zu überfluten. Wenn Sie abends oder an einem trostlosen Wintertag ein paar Kerzen anzünden, überkommt Sie eine Art Ruhe, und die Zeit scheint sich sogar zu verlangsamen oder still zu stehen. Ein guter Weg, um Stress abzubauen, während Sie vielleicht entspannende Musik hören, einen Kräutertee trinken und in ein gutes Buch eintauchen. Wenn Sie Zugang zu einem Kamin haben, noch besser – nochmal besser, wenn es sich um einen „echten" handelt, im Gegensatz zu Elektrizität oder Gas: Die Gerüche und Knistern des Holzes sind der Schlüssel zur Stimmung. Wenn Sie nicht über einen Kamin verfügen und die Kerzen zu teuer sind, schalten Sie die Deckenbeleuchtung aus und beleuchten Sie den Raum stattdessen mit einigen passend platzierten Lampen, die nicht fluoreszierende Glühbirnen verwenden und warmes Licht geben.

2. Gebäck

Tebirkes sind das, was die Dänen selbst empfehlen könnten, obwohl jedes Gebäck wahrscheinlich ausreicht. Kekse sollte auch akzeptabel sein. Bonuspunkte, wenn Sie sie selbst gebacken haben - Kochen kann eine Art gemächliche Arbeit sein, eine Möglichkeit, sich von Dingen abzulenken, indem Sie etwas herstellen, ohne das Gefühl zu haben, etwas Körperliches oder Produktives zu tun. Die Früchte Ihrer eigenen Handarbeit anschließend mit Freunden zu genießen, ist wie das Tüpfelchen auf dem i.

3. Pullover

Nun, warme Kleidung im Allgemeinen – wirklich. Besonders wenn es handgestrickt ist. Mützen, Socken, Fäustlinge; nehmen Sie was Sie möchten und was passt. Sie sollen sich in die rustikale Fantasie personalisierter Wollkleidung schmiegen, damit Sie sich sicher und gemütlich fühlen! Natürlich müssen es nicht Wollkleider sein. Vielleicht einfach Ihr Lieblingsstück für zuhause, sei es eine Trainerhose, die Sie lieben oder ein großes altes Baumwollhemd oder der bequeme Hoodie.

Ich wette, Sie kennen den Stereotyp der blonden, langhaarigen Frau, die in einem übergroßen rotschwarz karierten Hemd mit nackten Beinen aber dicken, bequem ausschauenden Socken und einer großen Tasse Tee mit angezogenen Beinen sich in eine Sofaecke kuschelt. Idealerweise haben Sie im Bild noch ein eben schon angesprochenes Kaminfeuer. Genau das alles ist gemeint.

4. „Warme Gesellschaft"

Hier entsteht ein Muster: Wärme in kalten Zeiten. Angesichts des kalten, strengen skandinavischen Klimas ist es nicht schwer zu verstehen, warum. Wenn es draußen einen Großteil des Jahres schneebedeckt, kalt und weit unter null Grad Celsius ist, können Sie entweder in Ablehnung leben und melancholisch auf die Rückkehr des Sommers warten, oder Sie können lernen, mit dem Wetter, das Sie haben, zu leben - und im Idealfall es sogar zu lieben. Deutschland, die Schweiz und Österreich haben möglicherweise keine so extreme Kälte wie Länder wie Holland, Dänemark und Norwegen, aber mit schlechtem Wetter unterschiedlicher Art auszukommen, ist ein fast universelles menschliches Bedürfnis. Und wie in praktisch allen Dingen kann die Wärme guter Kameradschaft selbst die schlimmsten Tage zu den besten Erinnerungen machen.

Indem wir lernen, einen Moment nach dem anderen das Leben aufzunehmen, um Freude an den kleinen Dingen zu haben, können wir uns selbst beibringen, uns regelmäßiger und nachhaltig zufriedener, erfüllter und bestätigter zu fühlen.

Andere Bücher und Artikel empfehlen andere auch passende Varianten dieser Empfindungen und wie man sie kultiviert, von denen einige auch nicht das Innenleben oder gar das kalte Wetter beinhalten. Einige Beispiele sind Radfahren zur Arbeit, frühes Mittagessen und nicht länger im Büro bleiben, als wozu Sie verpflichtet sind. Das allgemein wiederkehrende Prinzip ist aber auf jeden Fall eine absichtliche und proaktiv gesuchte Pflege des emotionalen Wohlbefindens, indem man das Leben langsam nimmt und es in kleinen Bissen genießt, anstatt in großen, übermäßigen Schlucken, die zu einer Art Verdauungsstörung führen könnten. Mit anderen Worten, und weg von den kulinarischen Metaphern: große orgiastische Momente der Freude – große Partys, Alkoholexzesse und ähnliches – bereiten vielleicht ein größeres, ekstatischeres Vergnügen, aber solche Momente sind normalerweise teuer (gemeint ist nicht nur monetär, sondern zum Beispiel auch gesundheitlich teuer) und werden mit zunehmendem Alter und Karriere immer seltener. Auch wenn es uns gelingt, einen stetigen Strom dieser Momente zu sichern, neigen sie dazu, uns ziemlich schnell auszubrennen, was uns meistens auf schlechte Weise und mit schlechten Gefühlen im Nachhinein zurücklässt. Und wenn das der einzige Weg ist, wie wir uns amüsieren können, wirken die Momente, in denen wir dann alle irgendwann ohne diese Art von Spaß und Aufregung sind (es sei denn, Sie haben das Glück, wahnsinnig reich berühmt zu sein) umso trostloser und langweiliger. Indem wir lernen, einen Moment nach dem anderen das Leben aufzunehmen, um Freude an den kleinen Dingen zu haben, können wir uns selbst beibringen, uns regelmäßiger und nachhaltig zufriedener, erfüllter und bestätigter zu fühlen.

Unterschiede zwischen Niksen und Hygge

Es ist nicht schwer zu spüren, dass Hygge und Niksen irgendwie verwandt sind. In beiden geht es darum, das Leben langsamer zu leben und Wert in Aktivitäten zu finden, die wir normalerweise nicht als „produktiv" betrachten. Es gibt natürlich einige offensichtliche Unterschiede: Während Niksen betont, nichts zu tun, geht es bei Hygge mehr darum, etwas zu tun - sei es eine Aktivität an sich oder einfach nur eine bestimmte Atmosphäre aufzubauen -, das sich nicht so anfühlt, als würde man etwas tun.

Es gibt also auch einen gewissen Widerspruch zwischen den Begriffen. Das heißt aber nicht, dass sie nicht immer noch kostenlos sein können. Für den Anfang kann das Üben von Hygge Sie in den allgemeinen Kern dieser Trends hineinbringen: Es kann Sie mit dem

Gefühl vertraut machen, nicht verpflichtet zu sein, ständig etwas zu tun, während Sie dennoch etwas beschäftigt sind. Als solches ist Hygge in unserer Kultur sozial akzeptabler, was es auch einfacher macht, damit anzufangen. Die Tatsache, dass es einen bewussten sozialen Aspekt hat, könnte auch Ihre Freunde und Mitarbeiter dazu ermutigen, sich dem Trend anzuschließen, und so den Kreis der Menschen zu erweitern, von denen Sie wissen, wer offen ist, mit diesen neuen Methoden zum Stressabbau zu experimentieren. Auf diese Weise haben Sie, sobald Sie Niksen ausprobieren, bereits eine Gruppe von Menschen, die Sie unterstützen (anstatt zu missverstehen, wenn nicht sogar direkt zu verurteilen), wenn Sie versuchen, die anfängliche Unbeholfenheit und Schuld zu überwinden, alle Aktivitäten zu vermeiden.

Hygge kann auch bei dem Problem helfen, „in Wiederkäuer verwickelt zu werden", wenn Sie sich noch daran gewöhnen, Ihren Geist zu klären. Wenn Ihre Gedanken immer wieder zu stressigen Dingen zurückkehren, sobald Sie versuchen, sie zu beseitigen, liegt dies wahrscheinlich daran, dass sie sich hauptsächlich mit stressigen Dingen beschäftigt haben. Es erscheint dann vernünftig anzunehmen, dass, wenn Sie Ihre Aktivitäten hygger machen, Ihr Geist friedlichere Empfindungen haben sollte, zu denen Sie sich schlängeln können, wenn Sie diesem Lekker Niksen nachjagen.

Es gibt auch eine gewisse Überschneidung zwischen den beiden Konzepten. Stellen Sie sich vor, Sie sitzen mit einer Gruppe von Freunden am gemütlichen Feuer, genießen an einem kalten Wintertag heißen Kakao, lesen zusammen oder spielen entspannende Karten- oder Tischspiele. Vielleicht kocht jemand etwas in der Küche und der Geruch von Keksen dringt aromatisch in das Wohnzimmer, in dem sich der Großteil von Ihnen versammelt. Vielleicht summt im Hintergrund sanfte Coffeeshop-Musik. Vielleicht kann man sehen, wie der Schnee draußen durch das frostverglaste Fenster sanft auf den Boden fällt, während die Luft für die späte Stunde blau wird. Wenn auch nur für einen flüchtigen Moment, inmitten all dessen, Ihr Geist von der Gruppe abweicht und sich verständnislos auf die knisternden Flammen fixiert. Wenn er wegkommt von den Aktivitäten selbst, wie angenehm sie auch sein mögen, sich löst von den Menschen und Geräuschen, mit denen Sie sich umgeben haben. Dann behalten Sie einzig das Gefühl des Wohlbefindens bei, das sie Ihnen bringen, um alles besser zu kultivieren und zu nähren, um es später zu schätzen, wenn Sie es am meisten brauchen werden ... nun, liebe Leserin, lieber Leser, wäre diese Situation, dieser Zustand, wäre das nicht sowohl Hygge als auch Niksen?

Wie kann Niksen meinem Leben zugutekommen?

Sie sind immer noch besorgt, dass diese Trends etwas zu ausgefallen sein könnten, um praktisch zu sein, wenn nicht sogar zu skurril, um einen Platz in Ihrem tatsächlichen täglichen Leben zu finden? Es ist wahr, dass sie für einen durchschnittlichen Deutschen, Österreicher oder Schweizer, für den die Idee, ständig beschäftigt zu sein, so tief im kollektiven Unterbewusstsein verankert ist, ein wenig wie ein Kulturschock sein können. Aber es ist zu wünschen, dass vielleicht zuerst einige Akademiker zu bemerken beginnen, wie viel Geschäft die Freizeit ersetzt als Symbol für Status und Reichtum. Schließlich ist unser gebräuchlichstes Wort, um so ziemlich jede denkbare wirtschaftliche Aktivität zu beschreiben, „Geschäft", was etymologisch im Wesentlichen „Geschäftigkeit" bedeutet. Auf der anderen

Seite experimentieren die skandinavischen Länder regelmäßig mit neuen Wegen, um die Belastung der Durchschnittsbürger beim Befriedigen der Grundbedürfnisse des Lebens zu verringern. Finnland hat kürzlich einen Plan vorgestellt, die Arbeitswoche auf nur vier Tage zu beschränken. Vier Tage! Vergleichen Sie dies mit der traditionellen meritokratischen Denkweise der modernen Leistungsgesellschaften, die verlangt, dass absolut alles durch harte Arbeit verdient werden muss. In dem Maße, in dem Aktivisten und Politiker von etwas wie staatlich finanziertem Gesundheitswesen für alle sprechen – obschon in vielen Ländern auch schon selbstverständlich - wird ihnen tendenziell linker Radikalismus vorgeworfen. Sogar das allgemein fortschrittliche New Yorker Magazin beklagte sich einmal in einem Artikel über Hygge: „Was viele Amerikaner nicht anstreben, sind die hohen Steuern oder sozialistischen Ideen Skandinaviens. Wenn sie in die Vereinigten Staaten transferiert werden, scheint die Art von unaufdringlichem Luxus, den die Skandinavier als gemeinsames nationales Merkmal betrachten, kaum mehr als ein Symbol des wirtschaftlichen Status zu sein. Sie haben den Eindruck, dass „viele der besten Dinge aus Skandinavien, Hygge [und vermutlich auch Lekker Niksen] einigen Amerikanern verbunden mit einem Hauch von Selbstgefälligkeit erscheinen."

Trotzdem sollte man kein radikaler Linker sein müssen, um zu sehen, wie attraktiv es ist, die Dinge etwas einfacher zu machen. Genauer gesagt: Sie müssen das Brennen nicht „fühlen“, um die Auswirkungen von Burn-out zu spüren, einem vor noch nicht so langer Zeit identifizierten Syndrom von übermäßigem Stress bei der Arbeit, das die Weltgesundheitsorganisation erst vor kurzem als ernstes globales Gesundheitsproblem erkannt hat. Selbst im Urlaub kann das zweischneidige Schwert moderner Kommunikationstechnologien (Smartphones, Laptops usw.) verhindern, dass wir uns wirklich von der Arbeit lösen und unsere Freizeit genießen. Im Jahr 2018 veröffentlichte die American Psychological Association eine Umfrage, in der darauf hingewiesen wurde, dass 28% der erwachsenen Amerikaner im Urlaub mehr arbeiten als erwartet. 21% berichten von erheblichen Belastungen während dieser angeblich entspannenden Urlaubszeit. Das Schlimmste vielleicht, es hat sich gezeigt, dass diese Tendenz zu arbeiten, wenn wir uns erholen sollten, sich auch negativ auf unsere persönlichen Beziehungen auswirkt. Mit anderen Worten, selbst wenn Sie es endlich schaffen, sich von all Ihrer Arbeit und den damit verbundenen Verantwortlichkeiten zu lösen, wird die Zeit, die Sie tatsächlich ganz Ihren Ehepartnern, Freunden und anderen Angehörigen widmen können, stressiger oder weniger stressig, je nach dem, was Ihre Erwartungen an Ihren Urlaub sind. Diese Erwartungen generieren bereits wieder einen Leistungsdruck im Sinne von „Wir müssen unbedingt noch das anschauen“ oder „wir müssen unbedingt noch dies machen“. Hart, nicht wahr?

Kein Wunder also, dass der Stress zunimmt. Im Gallup Global Emotions Report 2019[2], einer weltweiten Umfrage, die seit 2005 jedes Jahr durchgeführt wird, belegten die zum Beispiel die USA in Bezug auf Stressfreiheit den 39. Platz von 143 Ländern, während Großbritannien den 46. Platz belegte. Laut der Umfrage gaben 55% der Amerikaner an, sich "viel des Tages" gestresst zu fühlen, gegenüber nur 35% im weltweiten Durchschnitt. Damit sind die Vereinigten Staaten in Bezug auf Stress mit einigen anderen Ländern vergleichbar, die häufiger mit tiefen sozialen Unruhen in Verbindung gebracht werden, wie den Philippinen (wo 58% angaben, viel Stress zu spüren) und Tansania (wo 57% Prozent ebenfalls „viel" genannt haben).

Ok, fair enough, könnte man sagen: Also könnten wir uns alle etwas weniger Stress machen. Großartig. Trotzdem fragen Sie sich vielleicht: Warum gerade Niksen? Schließlich gibt es unzählige andere Lifestyle-Trends, die versprechen, uns zu einem angenehmeren und stressfreien Leben zu führen. Wir haben uns bereits Hygge angesehen, das, wie sich herausstellt, durchaus zu Niksen passt, aber es gibt noch viele weitere: von Yoga und Meditation bis hin zu speziellen Diäten, die versprechen, Sie von schädlichen Toxinen zu befreien oder Sie einfach schlanker, fitter und damit

---

[2] https://www.gallup.com/analytics/248906/gallup-global-emotions-report-2019.aspx

vermutlich glücklicher zu machen; mit vielen Übungsroutinen, die ähnliche Ergebnisse versprechen.

Wieso ist Niksen besser als eine dieser Optionen?

Nun, "besser" ist vielleicht nicht der passendste Begriff, der hier verwendet wird. Alle diese Techniken sind gültig und hilfreich, und da wir alle unterschiedliche Individuen sind, haben wir natürlich alle unsere eigene bevorzugte Methode, um unsere Probleme loszulassen. Was einer Person hilft, besser mit ihrem Stress umzugehen, könnte für eine andere Person etwas weniger effektiv sein. Im Vergleich zu allen anderen Optionen bietet sich Niksen jedoch als die flexibelste und universellste an. Denken Sie darüber nach: Diäten erfordern enormes Engagement und normalerweise spezielle Lebensmittel, die tendenziell teurer sind als die durchschnittliche Ernährung. Übungsroutinen erfordern normalerweise einen persönlichen Trainer und / oder eine Mitgliedschaft im Fitnessstudio. Yoga erfordert Training, normalerweise mit einem Fachmann (zumindest, wenn Sie wirklich das Beste daraus machen wollen). Jede dieser Methoden kostet Geld, das wir nicht alle auf diese Weise haben oder ausgeben wollen. Viele von ihnen nehmen auch viel Zeit in Anspruch, was zusammen mit dem Pendeln zu und von den Orten, an denen Sie sie üben, eine Quelle von Stress an und für sich sein kann. Mit Niksen brauchen Sie jedoch nichts davon. Alles, was Sie tun müssen, ist, tief durchzuatmen, den Kopf frei zu bekommen und ein paar Minuten lang nichts zu tun. Sie können es bei der Arbeit tun, Sie können es zu Hause tun, Sie können es so ziemlich überall tun, selbst wenn Sie zu Ihrem örtlichen Fitnessstudio oder wöchentlichen Yoga-Kurs reisen. Sie brauchen absolut nichts Zusätzliches.

Egal, ob Sie eine Minute brauchen, um sich bei der Arbeit wieder zu konzentrieren, oder ob Sie Ihre anderen Aktivitäten optimal nutzen möchten, haben Sie keine Angst, sich ab und zu einen süßen Geschmack dieses Lekker Niksen zu gönnen.

.

FRILUFTSLIV

Was ist Friluftsliv?

Sie werden feststellen, dass ich es zu Beginn des Buches nicht als „neues" skandinavisches Wort bezeichnet habe, da es tatsächlich existiert, seit es 1859 zum ersten Mal in einem Gedicht von Henrik Ibsen (1828-1906) verwendet wurde! Er war ein norwegischer Dramatiker, Dichter und Denker, der den Begriff prägte, als er nach Sinn und Zweck in seinem eigenen Leben suchte.

Das Gedicht heißt "Auf den Höhen" (Original: „Paa Vidderne") und die Hauptfigur hat ein Leben in Freiheit in der Wildnis gewählt, weit weg von dem Dorf seiner Geburt.

Ibsen verwendete das Wort „Friluftsliv" im Kontext seiner Gedanken und insbesondere in Bezug auf seine Gedanken über das Leben. Er glaubte, dass die Grundidee hinter der Philosophie darin besteht, die totale

Verbindung und Gelassenheit zu erfahren, die möglich ist, wenn man völlig in der Natur versunken ist. Nicht nur von Natur umgeben, sondern alle geistigen, seelischen und körperlichen Bedürfnisse von Mutter Natur befriedigen zu lassen.

Was an diesem Gedicht wirklich wichtig ist, ist, wo er es geschrieben hat. Er saß auf einem kleinen Holzhocker vor einem Feuer in einem einfachen Häuschen irgendwo in der Wildnis Norwegens.

Es ist nicht leicht, eine genaue Definition für Friluftsliv zu finden, da dies ein umfassender Begriff für einen simplen Lebensstil ist, der die Komplexität dieses in Einfachheit gelebten freien Lebens umfasst.

Friluftsliv bedeutet im Wesentlichen, der Natur nahe zu sein, die Fähigkeit zu entwickeln, mit der natürlichen Welt zusammenzuarbeiten und die Freude am Leben in der Natur zu erfahren. Es ist eine Philosophie und Lebensweise, keinesfalls eine organisierte Aktivität, die zufällig im Freien stattfindet.

Übrigens ist die korrekte Aussprache dieses Wortes für Deutschsprachige in der Regel nicht schwierig und bedeutet wörtlich „Leben in freier Luft".

Friluftsliv bedeutet im Wesentlichen, der Natur nahe zu sein, die Fähigkeit zu entwickeln, mit der natürlichen Welt zusammenzuarbeiten und die Freude am Leben in der Natur zu erfahren.

In Skandinavien ist die Freiheit, die Natur zu genießen und sich mit der Landschaft zu verbinden, ebenso grundlegend wie Atmen, Essen und Trinken und tief in der Psyche der Menschen verwurzelt. Tatsächlich umfasst es sogar ihr Konzept von Spiritualität und Ganzheitlichkeit als Person.

Skandinavier sind naturliebende Menschen und es ist leicht zu verstehen, warum. Umgeben von außergewöhnlicher natürlicher Schönheit, haben sie die Möglichkeit, von der Geburt bis zum Tod in die Wunder der Natur einzutauchen. Die Tatsache, dass das Wetter manchmal sehr feindlich ist, beeinträchtigt nicht die Notwendigkeit, die Natur in all ihren Formen zu erleben. Sie sagen: „Es gibt kein schlechtes Wetter, nur schlechte Kleidung." Es gibt also keine Entschuldigung dafür, nicht jeden Tag ihres Lebens in die Natur hinauszugehen.

Insbesondere Norwegen und Schweden haben riesige, unbewohnte Gebiete von natürlicher Schönheit. Darüber hinaus gibt es ein ungeschriebenes Gesetz von "Allemansrätten" (Jedermannsrecht), das jedermann berechtigt, auf das Land, auch auf Privateigentum, zuzugreifen, sofern er dies für eine begrenzte Zeit tut und das Land mit Respekt behandelt.

Für die meisten Norweger oder Nordländer im Allgemeinen ist Friluftsliv im Grunde genommen einen Spaziergang in der Natur. Dies kann auch ein Lauf sein, wenn die Person ein Fitnesselement hinzufügt. Menschen genießen Friluftsliv als einsames Vergnügen, mit Freunden als gesellschaftlichen Ausflug oder in organisierten Gruppen. Es ist etwas, das sie regelmäßig genießen, d.h. täglich, mit längeren Zeiten im Freien in ihrer Freizeit, einschließlich Wochenenden und Feiertagen.

Wie ich bereits erwähnt habe, spielt das Wetter keine Rolle bei der Entscheidung, ob man hinausgeht oder nicht. Skandinavier kleiden sich nur angemessen und verwenden jede Ausrüstung, die den Ausflug angenehmer macht. So werden sie im Winter Ski, Schlitten, Schlittschuhe oder Schneeschuhe benutzen und in den wärmeren Monaten Rad fahren, rudern, schwimmen und spazieren gehen.

Während der Ausflüge im Freien können sie dann auch Hobbys wie Fotografieren und Vogelbeobachtung, Jagen und Angeln nachgehen.

Für viele Menschen ist es der perfekte Ort, um Achtsamkeit oder Meditation zu üben, daher kann es auch eine tiefe und spirituelle Erfahrung sein. Frische Luft einatmen und den Geist von Stress befreien, gibt Friluftsliv eine tiefere Bedeutung.

Was sind die Vorteile von Friluftsliv?

1.   Friluftsliv ist kostenlos!

Alles was Sie tun müssen, ist nach draußen zu gehen. Auch in den großen Städten sind Parks und Naturpfade nicht weit entfernt und für jedermann zugänglich.

2.   Sie brauchen keine ausgefallene oder teure Ausrüstung.

3.   Sie benötigen keine Anleitung oder Selbsthilfegruppe, um Sie zu begleiten. Sie können es alleine genießen oder es zu einem gesellschaftlichen Anlass machen.

4. Sie können Friluftsliv genießen, wann immer es Ihnen passt. Es gibt keine festgelegte Startzeit und keine zeitliche Begrenzung für die Dauer der Erfahrung. Wenn man den Moment genießt, dann lass ihn fließen, bis er zu einem natürlichen Ergebnis kommt. Keine Notwendigkeit, irgendwohin zu eilen.

5. Es ist ein großartiger Stress-Buster! Die körperlichen und geistigen Vorteile eines Aufenthaltes in der Natur sind bereits hinreichend dokumentiert und brauchen wohl keiner weiteren Erläuterungen.

Friluftsliv in den 2020er Jahren

Es ist leicht, mehr über die historischen Wurzeln von Friluftsliv in Skandinavien herauszufinden und zu verstehen, wie es sich in der Kultur derer festgesetzt hat, die in nördlichen Gefilden leben. Aber hat es für die Skandinavier oder für den Rest von uns in den 2020er Jahren einen Wert?

Wir haben die Antworten auf fast alle unsere Fragen, über das Leben und wie man es lebt, heutzutage immer zur Hand. Wir alle scheinen jedoch Schwierigkeiten zu haben, ein langes und glückliches Leben im 21. Jahrhundert zu führen, trotz aller Fortschritte in Wissenschaft, Technologie, Medizin usw. Ein immer längeres Leben erreichen wir zwar dank der letztgenannten Medizin. Wir sind aber ständig auf der Suche nach Menschen und Orten, die diesen zweiten Teil, ein glücklicheres Leben erreicht haben. Die Tatsache, dass

Skandinavien in Bezug auf das Glücksniveau an erster Stelle steht und eine der höchsten Lebenserwartungen der Welt hat, muss bedeuten, dass dort einiges stimmt.

Jetzt ist es uns allen offensichtlich nicht möglich, „in die Wildnis Schwedens oder Norwegens zu ziehen". Wie können wir also aus ihren Lebensstilen und Praktiken lernen und die Vorteile einbeziehen, während wir weiterhin dort leben, wo wir sind, mit all den Mühen und Belastungen des modernen Lebens? Mit anderen Worten, lässt sich diese Philosophie global übertragen? Ist es möglich, Friluftsliv auf den Straßen von London oder im Regenwald von Borneo zu genießen?

Offensichtlich haben wir alle wertvolle Traditionen und Überzeugungen, die wir aus unserer Vergangenheit übernehmen können. Zum Beispiel natürliche Heilmittel gegen Krankheiten und Rezepte für hausgemachtes Essen, das pflegend und gesund ist. Es ist jedoch interessant zu untersuchen, ob die Philosophie von Friluftsliv einer der Gründe ist, warum junge Skandinavier „ein gutes Leben führen".

Wie sieht diese Philosophie heute in Skandinavien aus? Die Wahrheit ist, dass viele Nordländer noch heute die Vorteile von Friluftliv genießen, weil diese Länder zwar die moderne Welt mit all ihren modernen Annehmlichkeiten angenommen haben, ohne dass jedoch diese wichtige Philosophie in die Geschichtsbücher verbannt werden kann.

An dieser Stelle sollte ich hinzufügen, dass nicht alle jungen Skandinavier dieser Philosophie voll und ganz verpflichtet sind, und ich werde später erklären, warum.

Hier sind einige der Möglichkeiten, wie Friluftliv in das Leben moderner Skandinavier integriert wurde:

•• Bildung:

Kindern werden die Vorteile dieses Lebensstils von Geburt an beigebracht. Sie sehen, wie ihre Eltern ihn anwenden, wenn sie bei jedem Wetter an der frischen Luft spazieren gehen. Sie sind umfassend über die Vorteile informiert, die es mit sich bringt, Zeit im Freien zu verbringen, um sich körperlich, geistig und seelisch wohl zu fühlen, und sie sehen die Beweise überall um sich herum.

In den letzten zehn Jahren haben viele Freiwilligen-organisationen wie die Pfadfinder die Initiative ergriffen, um junge Menschen über die Vorteile von Friluftsliv aufzuklären. Dies ist nun Teil der Politik, um unter anderem Migranten zu helfen, sich mit der Praxis vertraut zu machen und ihnen zu helfen, sich in eine neue Kultur zu integrieren.

•• Gleitzeit:

Im äußersten Norden der Welt ist Tageslicht für einen Großteil des Jahres Mangelware. Aus diesem

Grund ermöglichen flexible Arbeitszeiten den Arbeitnehmern die Natur bei Licht zu genießen und ihre Arbeit bei Dunkelheit im Haus zu erledigen. Diese einfache Strategie gibt den Arbeitnehmern die Freiheit zu wählen, wann sie arbeiten möchten. Es gibt keine Verringerung der Produktivität, da sich die Arbeitnehmer respektiert fühlen und bei besserer Gelegenheit Zeit hatten, ihren Geist und Körper wiederzubeleben, wenn sie im Freien die Natur genossen haben.

Flexible Arbeitszeiten ermöglichen es den Eltern auch, sich umfassend in alle Aspekte des Familienlebens einzubringen, und tragen zu einer glücklichen Familieneinheit bei.

• • Unternehmensanreize:

Unter den vielen Anreizen, die skandinavischen Arbeitnehmern zur Verfügung stehen, sind hier einige, die Friluftsliv zu einer Lifestyle-Möglichkeit machen:

- - An einem Mittwoch können 90 Minuten pro Woche bezogen werden, damit die Arbeitnehmer Friluftsliv genießen können.

- - Treffen im Freien sind erwünscht. Zu den Vorteilen gehören neue Perspektiven, Inspiration und Ruhe.

- - Es gibt Steuererleichterungen für Unternehmen, die Friluftsliv erleichtern. Sie können dies erreichen, indem sie Anreize anbieten, z. B. eine Entschädigung für Radfahren oder Gehen zur Arbeit zu vergüten oder Mitgliedschaften im Fitnessstudio und den Kauf von Sportgeräten zu subventionieren.

An dieser Stelle möchte ich einige Erkenntnisse aus meinen eigenen Erfahrungen mit dem Leben und Arbeiten in einem der bedeutendsten Länder der Ersten Welt hinzufügen. Dieses Land liegt auf der Nordhalbkugel, wenn auch nicht so weit nördlich wie Skandinavien. Es gibt lange, kalte Winter mit gelegentlichem Schnee. Aus Gründen, die ich nicht erklären kann, hat sich dieses Land für eine Philosophie entschieden, die der von Friluftsliv völlig entgegengesetzt ist. Hier sind einige Beispiele dafür, was ich meine:

- - Schulkinder werden davon abgehalten, in der Pause nach draußen zu gehen, wenn es etwas nieselt, und sie dürfen definitiv nicht raus, wenn auf dem Spielplatz ein Hauch von Eis oder Schnee liegt. Stattdessen werden sie drinnen gehalten und müssen sich mit einer Sammlung alter Spielzeuge aus dem Schrank unterhalten oder verrückte Videos ansehen. Also verbringen sie diese Zeit zusammengepfercht, verbreiten Keime und bekommen überhaupt keine Bewegung.

- - Eltern verstopfen die Straßen und Bürgersteige mit großen Geländewagen, wenn sie ihre Kinder abholen und sich beschweren, wenn von ihren Kindern erwartet wird, dass sie bei kaltem, nassem Wetter auch einmal längere Zeit draußen stehen.

- - Niemand erwartet, dass die Züge im Herbst funktionieren, wenn Blätter auf der Strecke sind und die bloße Erwähnung von Schnee dazu führt, dass Schulen, Flughäfen usw. geschlossen werden.

- - Die traditionellen Geschäfte in der Hauptstraße schließen oder ziehen in riesige Einkaufszentren. Kinder werden ermutigt, Geburtstagsfeiern in Indoor-Unterhaltungszentren statt in Parks und Gärten abzuhalten. Dies alles kommt mit saftigen Preisschildern.

Und die Leute fragen sich, warum Depressionen eine der wichtigsten wachsenden psychischen Erkrankungen der 2020er Jahre sind?

Es geht nur um Geld, Geld, Geld!

Wie bei den meisten Dingen im Leben heutzutage ist der Kommerz die treibende Kraft. Wenn es möglich ist, mit dem gewählten Lebensstil der Menschen Geld zu verdienen, wird jemand einen Weg finden, dies zu tun. Und so sehen wir, wie Menschen in einigen Ländern der Welt davon abgehalten wurden, einfach und in Kontakt mit der Natur zu leben. Vielen von ihnen ist nicht einmal bewusst, dass diese Manipulation stattgefunden hat. Alles, was sie für den Stapel von Quittungen zeigen können, ist oft ein Gefühl der Leere und des Verlustes.

Leider hat der Kommerz das Konzept von Friluftsliv sowohl in seinem Geburtsort als auch in anderen Teilen der Welt ausgenutzt. Das Fitness-Phänomen hat die moderne Welt erobert, und ob drinnen oder draußen in der Wildnis, die Menschen glauben, dass es effektiver sein muss, wenn sie für das Privileg bezahlt haben.

Daher ist es wichtiger geworden, die beste und teuerste Ausrüstung für die Durchführung von Übungen zu haben, als im Freien zu sein, um die Atmosphäre und Schönheit Ihrer natürlichen Umgebung zu genießen. Heutzutage geht es beim Sport in der Natur mehr darum, die Natur zu nutzen, um Geräte und die Widerstandsfähigkeit des Menschen zu testen, als um die geistigen, körperlichen und seelischen Vorteile, die es mit sich bringt, Zeit mit und in der Natur zu verbringen.

Und selbst an den natürlichen Orten zum Trainieren wurde Friluftsliv kommerzialisiert. Sie müssen an die „richtigen" natürlichen Ort gehen, auch wenn dies lange Strecken bedeutet. Dann werden Sie dazu verleitet, teure Ausrüstung zu kaufen oder zu mieten und für teuren Unterricht zu bezahlen!

Es ist nicht schwer zu erkennen, dass die ursprüngliche Philosophie von Friluftsliv leider weltweit langsam und sicher korrumpiert wurde. In einigen Fällen gibt es eine leicht verdünnte Version oder sie wurde auf eine nur oberflächliche Aktivität reduziert, die meilenweit von der ursprünglichen Idee von Friluftsliv entfernt ist. Ich möchte Sie an die Grundphilosophie erinnern (für einmal in der „Du"-Form, wenn Sie erlauben):

*Genieße einfach die Zeit, die du
mit und in der Natur verbringst.
Fülle dein Leben, deinen Geist und
deine Seele mit natürlichen
Dingen und Aktivitäten, damit du
die Vorteile in deinem ganzen
Wesen erfahren kannst.*

Was sind die Unterschiede zwischen Friluftsliv und anderen beliebten Lifestyle-Trends?

Der Vergleich mit Hygge

Spätestens nach dem Lesen des ersten Teils dieses Buches verstehen Sie jetzt neben Lekker Niksen auch das Konzept von Hygge – und nun auch das von Friluftsliv. Viele Menschen akzeptieren die vernünftige Idee, ein Zuhause als gemütlich und entspannend für die üblichen Bewohner sowie als einen sehr einladenden Ort für Gäste zu gestalten. Sie haben vielleicht auch schon gesehen, dass dieser dänische Lifestyle-Trend in das Dekor von Hotelketten und sogar in die Farben und Texturen von Stoffen in der Business Class von Flugzeugen integriert worden ist.

Wenn Sie sich schon an einen gewebten Wollkissenbezug gekuschelt haben oder eine warme Decke erhalten haben, um sie sich in einem trendigen Restaurant um die Schultern zu wickeln, verstehen Sie sicher, wovon ich spreche.

Hygge ist neben des reinen Lebensstils auch eine weitere skandinavische Praxis, die vor einigen Jahren in der Welt der Innenarchitektur populär umgesetzt wurde.

Wie bei Hygge basieren die natürlichen Ursprünge von Friluftsliv auf Einfachheit. Hygge bezieht sich auf einen Zustand oder einen Moment der Zufriedenheit und Gemütlichkeit. Wenn Sie alleine oder in guter Gesellschaft in einer gemütlichen Umgebung entspannen, die nur bei Kerzenlicht beleuchtet wird, sind Sie auf dem besten Weg, in Ihrem Zuhause „Hygge" zu erreichen. Fügen Sie dazu eine hausgemachte Mahlzeit hinzu, die in Ihren handgefertigten Keramikschalen serviert wird, und Sie können alle Hygge-Kästchen ankreuzen.

Und wie Hygge wurde auch Friluftsliv maximal kommerzialisiert. Viele von uns sind schuldig, den Traum von Glück und Zufriedenheit zu verwirklichen, indem sie die Dinge kaufen, um zu versuchen, das dänische Bild von Gemütlichkeit und Zufriedenheit zu reproduzieren. Aber bei all dem Hype haben wir den relevanten Punkt vielleicht verpasst. Authentisches und originales

Friluftsliv und Hygge können nicht gekauft oder herge-
stellt werden.

Die wahre Essenz von Hygge kann an einem warmen Sommerabend im Garten an einem langen Holz-
tisch mit Ihrer Familie und Freunden erlebt und genossen werden. Es ist dann offensichtlich einfacher, Hygge
zu erreichen, und es erfordert etwas mehr Anstrengung
und Fantasie, um es am kältesten, dunkelsten Wintertag zu erreichen, aber das Gefühl ist das gleiche.

Aus dem gleichen Grund kann Friluftsliv drinnen
oder draußen erlebt werden - solange die Frische der
Natur durch die Bemühungen, die natürlichsten Produkte für Ihr Zuhause und Ihre Speisekarte zu beschaf-
fen, in Ihr Leben eingeführt wurde. Es wird sich auch in
Ihrem Auftreten bemerkbar machen, in der Atmosphäre
in Ihrem Zuhause, wie herzlich Sie sind und wie Sie jeden Tag leben. Es ist wirklich nichts, was man vorge-
ben kann oder eine Szene, die wie ein Bühnenbild auf-
gebaut werden kann.

**Und was ist mit Friluftsliv und einem Wabi-Sabi-
Lebensstil - sind sie kompatibel?**

Das Konzept des perfekten Körpers, das wir von den
alten Griechen und Römern erhalten haben, wurde in
der Promi-Kultur, in der wir jetzt leben, auf die Spitze
getrieben. Tatsächlich wurde uns gesagt, dass alles
„neu" und „jetzt sofort" sein muss. - Außer natürlich
Wein und Steak, die perfekt gereift sein sollten!

So viele Menschen haben Angst vor ihrem Aussehen, ihrem Körper und ich habe kürzlich den Begriff „Hausschande" gehört, der von einer in Großbritannien ansässigen Kitchen Design Company verwendet wird! Uns wird gesagt, dass wir den Alterungsprozess in unserem Körper oder zu Hause nicht akzeptieren dürfen und dass wir uns mit Sicherheit nicht damit zufriedengeben sollten, Fehler oder Zeichen des Alterns zu akzeptieren.

Als ich kürzlich nach Designideen für das alte Steinhaus recherchierte, das wir derzeit in den Bergen der Abruzzen, Italien, restaurieren, stieß ich auf einen belgischen Designer namens Axel Vervoordt. Axel hat das japanische Konzept von Wabi-Sabi in seine Designprojekte aufgenommen und beschreibt es folgendermaßen:

> *„Ich finde den Geist der Dinge viel wichtiger als das Aussehen der Dinge - es macht mir wirklich nichts aus, wenn die Dinge hässlich sind. Sie haben ihre eigene Schönheit, wenn man nur hart genug hinschaut. "* -
> *Axel Vervoordt.*

Der japanische Ausdruck „Wabi-Sabi" umfasst zwei unterschiedliche Ideen. - "Wabi" bedeutet Einfachheit, und "Sabi" spielt auf den unerbittlichen Lauf der Zeit und die Spuren an, die es hinterlässt. Die Philosophie von Wabi-Sabi freut sich über die Schönheit, die in der Unvollkommenheit liegt. Es ist reif, ruhig und respektvoll gegenüber Fehlern und Zeichen des Alterns. Es legt vor allem Wert auf Authentizität.

Mir hat vor allem auch das nachstehende Zitat zum Verständnis geholfen:

„Es geht um die Hoheit, die sich in der Hülle des Unscheinbaren verbirgt, die herbe Schlichtheit, die dem Verstehenden doch alle Reize des Schönen offenbaren."
(Wilhelm Gundert)

Ein kurzer Blick durch das Portfolio von Axel Vervoordts Arbeiten zeigt, wie er natürliche Produkte und gealterte oder fehlerhafte Materialien verwendet, um ein ruhiges und demütiges Interieur zu schaffen, das die Bewohner des Raumes in eine natürliche Umarmung versetzt. Es gibt keinen Schnickschnack oder unnötigen Glanz - nur das, was in der Natur zu finden ist.

Und hier verbinden sich die Philosophien von Friluftsliv und Wabi-Sabi in perfekter Harmonie. Während die oberflächliche Bedeutung von Friluftsliv als „in der Natur sein" akzeptiert werden kann, müssen wir uns daran erinnern, dass sie alle Aspekte des natürlichen Lebenszyklus, den Wechsel der Jahreszeiten und die Zusammenarbeit mit der Natur umfasst, um alles für unseren Körper bereitzustellen. Geist und Seele.

Wabi-Sabi ist keine besonders gemütliche Philoso-phie. Einige könnten sagen, dass es auch ein wenig hart erscheinen kann. Aber wie die natürliche Welt zwingt es Sie, genau hinzuschauen, um die Schönheit zu sehen.

Zum Beispiel sehen die faltigen, trockenen Herbst-blätter, die immer noch an der riesigen Eiche vor mei-nem Fenster hängen, nicht besonders schön aus, wenn sie einzeln betrachtet werden. Wenn Sie sie je-doch mit durchscheinendem Sonnenlicht sehen, wird die Farb- und Formenvielfalt zu etwas Schönem, ob-wohl unbestreitbar das Ende einer Saison und der Tod erklärt werden.

Friluftsliv in den 2020er Jahren - es gibt ein "Aber"

Ob Sie es glauben oder nicht, nachdem ich das Loblied der Friluftsliv-Philosophie gesungen habe, habe ich ein „Aber" entdeckt.

Um ehrlich zu sein, kann die Schuld für das Problem nicht der Philosophie in die Schuhe geschoben werden. Die Schuld liegt direkt in unserer Besessenheit, rund um die Uhr verbunden zu sein. Die Möglichkeit, Technologie mit Friluftsliv zu mischen, hat einen tödlichen Cocktail geschaffen.

Da Skandinavien den Status einer der digital anspruchsvollsten Volkswirtschaften der Welt erlangt hat, können und müssen die Menschen jederzeit auf Daten und Kommunikation zugreifen.

Während Sie unterwegs sind, um Ihr Friluftsliv zu genießen, werden Sie Menschen auf ihren Handys sehen, während sie auf der Veranda ihres Sommerhauses sitzen oder Mega-Deals abschließen. Einige junge nordische Männer und Frauen finden es schwierig, Friluftsliv in ihre geschäftigen Zeitpläne des 21. Jahrhunderts zu integrieren. Einige Leute müssen die Zeit tatsächlich in ihren digitalen Kalendern buchen.

Mit Hilfe des Internets verbinden sich die jungen Skandinavier wieder mit ihrem angeborenen Wunsch zu erkunden und suchen nach entfernten Zielen, an denen sie ihre Freizeit verbringen können. Sie wollen neue Sehenswürdigkeiten sehen und neue Leute kennenlernen, und das ist völlig anders als die unkomplizierten Ursprünge von Friluftsliv, wenn man nur vor die Haustür trat.

Sofortige Befriedigung ist für die jüngere Generation (und auch für viele Ältere) wichtig, daher ist die langsame, sanfte Essenz von Friluftsliv nicht unbedingt mit ihren Lebensgewohnheiten vereinbar. Einige haben sogar angefangen, mit halluzinogenen Medikamenten zu experimentieren, um den Entspannungsprozess zu beschleunigen, wenn sie versuchen, ein bisschen Friluftsliv in ihr geschäftiges Leben zu integrieren.

Und so haben sie jetzt genau das Problem, das die Naturphilosophie, mit der sie aufgewachsen sind, für sie hätte lösen können. Aber anscheinend können sie nicht aufhören, die Rosen zu riechen - oder den Wald vor lauter Bäumen nicht mehr zu sehen!

Ist Friluftsliv die Lifestyle-Wahl für Sie?

Wir sind jetzt ziemlich vertraut mit der Philosophie, die Generationen nordischer Menschen glücklich und gesundgemacht hat – und sowohl körperlich, geistig als auch seelisch belastbar.

Die Leichtigkeit und die Vorteile der Beschäftigung mit Friluftsliv wurden aufgelistet, und selbst wenn Sie nicht in Nordeuropa leben, ist es möglich, diesen Lebensstil zu übernehmen. Wenn Sie einfach den ersten Schritt nach draußen machen und einen Ort in der Natur finden, an dem Sie sich sicher, ruhig und inspiriert fühlen, sind Sie auf dem Weg, etwas zu erreichen, das exklusiv und besonders für Sie ist.

Heutzutage gibt es so wenig Einzigartiges und Individuelles. Und wenn es maßgeschneidert ist, gehen wir davon aus, dass es einen erheblichen Betrag kosten wird. Einige von uns sind sogar stolz darauf, sich solchen Luxus leisten zu können. Ich denke, es heißt "Ich bin es wert!" Denkschule.

Friluftsliv hingegen ist ganz deine eigene Kreation. Sie können es Ihren Vorlieben, Ihrem Lebensstil, Ihrem Körper und Ihrer Zeit anpassen. Es gibt keinen richtigen oder falschen Weg, es gibt keine Regeln, denen man gehorchen oder dem obersten Meister folgen muss.

Sie können es zu einer spirituellen Solo-Erfahrung machen, wie Sie möchten, oder es zu einer perfekten Gelegenheit machen, um die sozialen Verbindungen herzustellen, die wir alle brauchen, um uns zu stimulieren und zu verbinden.

Sie können es im Sitzen, Liegen, Laufen oder Gehen tun. Sie können Friluftsliv genießen, während Sie Ihren Gemüsegarten graben oder ein paar Wildblumen in einer Lieblingsvase pflücken und arrangieren. Sie können dies tun, während Sie mit einem geliebten Menschen auf Ihrem Telefon sprechen und gleichzeitig die Sonne an Ihrem Lieblingsstrand genießen.

Ihr Zuhause kann diese Philosophie widerspiegeln, indem Sie gealterte, neue, natürliche oder handgefertigte Objekte auswählen und platzieren, die aufgrund ihrer Authentizität und Demut ausgewählt wurden.

Ich mache alles so einfach, nicht wahr?

"Aber ich mache das alles und ich fühle es einfach nicht", höre ich Sie klagen.

Friluftsliv ist schwer leicht. Das Oxymoron ist beabsichtigt.

Was auch immer Sie im Freien tun, muss mit einem Gefühl der Verbundenheit mit der natürlichen Welt um Sie herum geschehen. Sie müssen im Moment ein achtsamer Teilnehmer sein. Ein Zuschauer der Schönheit der Natur zu sein, unterscheidet sich von dem allumfassenden Gefühl, wenn Sie zulassen, dass es Ihr Sein durchdringt und Sie verändert.

Es ist klar, dass sich die Natur nicht ändern wird, um zu Ihnen zu passen. Sie müssen sich einer bedingungslosen Beziehung zur Natur öffnen, so wie Sie es in menschlichen Beziehungen tun müssen. Sie würden nicht erwarten, jemanden wirklich zu kennen, nachdem Sie ihm nur einen kurzen Blick zugeworfen haben, oder?

Sie sind nicht nur ein Ökotourist, der viel Geld für die Gelegenheit bezahlt hat, ein neues Reiseziel zu besuchen. Touristen haben das Gefühl, dass sie das Recht haben, sich über Unannehmlichkeiten oder Probleme zu beschweren, die die Natur gegen ihr Vergnügen verursachen könnte.

In Friluftsliv beschäftigen Sie sich mit der Natur in Demut und mit einem Gefühl der Ehrfurcht und akzeptieren alles, was die Natur zu dieser bestimmten Zeit zu bieten hat. Ja, Sie müssen sich für Achtsamkeit und Meditation öffnen, damit Friluftsliv zu einem Lebensstil wird und nicht nur zu einem Spaziergang in freier Wildbahn.

Zum Schluss

Sie werden es bemerkt haben: Niksen und Friluftsliv ergänzen sich wunderbar oder fließen sogar teilweise ineinander über. Während Sie das eine praktizieren, können Sie meistens auch das andere tun. – Und als Lebensstile passen sie bestens zusammen.

Gerne lasse ich das Buch mit Friluftsliv enden.

Ich bin so froh, dass Ibsen dieser Philosophie einen Namen gegeben hat. Weil es schwierig war, sich zu erinnern oder auszusprechen, machte er es für den Rest von uns zugänglich. Wenn er es nicht als „Ding" bezeichnet hätte, wären wir ohne eine Spur von Brotkrumen im Wald herumgewandert, und wir hätten möglicherweise die Gelegenheit, diese wunderbare Wahl des Lebensstils zu erleben, völlig verpasst. Weil es so einfach ist, ist es in der Öffentlichkeit verborgen. Es ist magisch und doch bodenständig. Es ist kompliziert und im Wesentlichen einfach. Es ist einfach und doch schwierig. Es ist kostenlos, bringt aber Ihrem ganzen Leben Vorteile, die Gold wert sind.

Eine letzte Sache …

Wenn Ihnen dieses Buch gefallen hat und/oder Sie es nützlich gefunden haben, bin ich Ihnen sehr dankbar, wenn Sie eine kurze Rezension auf Amazon oder der für Sie passenden Buchhändlerseite hinterlassen mögen.

Ihre Unterstützung macht für mich einen wirklichen Unterschied! Ich lese jede Bewertung persönlich und sie helfen mir alle, mich für zukünftige Bücher zu verbessern.

Ganz herzlichen Dank für Ihre Unterstützung!

Sofie Bakken